NOUVEAU
TARIF
DU PRIX
DES GLACES.
1765.

Le prix est de quarante sols, broché.

A PARIS,
De l'Imprimerie de PRAULT, Imprimeur du Roi, Quai de Gêvres.

AVEC PRIVILEGE DU ROI.

AVERTISSEMENT.

IL ſe débite depuis longtems une très-petite Édition du Tarif des Glaces, en forme d'Almanach, imprimée ſous le nom du Sr. Gueffier, ſans datte d'année. Nous croyons devoir avertir le Public que cette Édition eſt pleine d'erreurs. Toutes les fractions y ſont négligées, tous les volumes y ſont augmentés de prix, ainſi que celui des numéros & des bandes; par conſéquent cette Édition ne peut être que très-préjudiciable à ceux qui ſe la ſont procurés, & il n'y a de véritable & à laquelle on puiſſe ſurement ſe rapporter, que celle-ci, qui eſt avouée par la Manufacture, & imprimée par ſon ordre.

EXPLICATION,

Pour l'intelligence du Tarif des Glaces.

LES Glaces marquées N°. à la premiere page, fol°. 7, ſont de petites Glaces, dont la meſure eſt ci-deſſous.

	₶	ß	₫
La Glace, N°. 8, porte 6 pouces 8 lignes de haut, ſur 5 pouces de large, & vaut	»	8	»
N°. 10, porte 7 pouces 3 lignes, ſur 5 pouces 6 lignes	»	10	»
N°. 12, porte 7 pouces 10 lignes, ſur 6 pouces 3 lignes	»	16	»
N°. 17, porte 8 pouces 6 lignes, ſur 7 pouces	1	2	8
N°. 20, porte 9 pouces 6 lignes, ſur 7 pouces 6 lignes	1	6	8
N°. 30, porte 10 pouces 6 lignes, ſur 8 pouces 9 lignes	2	8	»
N°. 40, porte 11 pouces 6 lignes, ſur 9 pouces 10 lignes	3	4	»
N°. 50, porte 12 pouces 6 lignes, ſur 10 pouces 8 lignes	4	»	»

Suivent les Glaces de volume, la premiere

Colonne désigne la hauteur, la seconde la largeur, & la troisiéme le prix.

A la page 12 commence le Tarif sur toute hauteur & largeur, depuis la Glace de 14 pouces de haut, sur 10 pouces de large, jusqu'à 100 pouces de haut, sur 60 de large.

La premiere ligne marque la hauteur de la Glace, & la premiere Colonne marque la largeur; les quatre autres Colonnes marquent le prix. Cette méthode est générale pour toutes les mesures.

A la même page 12, pour trouver le prix d'une Glace de 14 pouces de haut, sur 10 de large, cherchez 14 à la premiere Case de la ligne d'en haut, & 10 à la premiere Case de la premiere Colonne, vous trouverez 5 ₶, qui répondent à 14 & à 10, qui est le prix de ladite Glace de 14 pouces de haut, sur 10 de large.

AUTRE EXEMPLE.

A la page 13, pour trouver le prix d'une Glace de 20 pouces de haut, sur 17 pouces de large, cherchez 20 à la troisiéme Case de la ligne d'en-haut, & 17 à la huitiéme Case de la premiere

Colonne, vous trouverez 15 ₶ 4 ß, qui répondent à 20 & à 17, qui est le prix de ladite Glace de 20 pouces de haut, sur 17 pouces de large.

AUTRE EXEMPLE.

A la page 63, pour trouver le prix d'une Glace de 99 pouces de haut, sur 43 pouces de large, cherchez 99 à la deuxiéme Case de la ligne d'en-haut, & 43 à la derniere Case de la premiere Colonne, vous trouverez 2095 ₶, qui répondent à 99 & 43, qui est le prix de ladite Glace de 99 pouces de haut, sur 43 pouces de large. Ainsi des autres.

A la page 65, commence le Tarif des Moulures ou Glaces étroites, jusqu'à la fin. Leurs prix sont dans le même arrangement, excepté que la premiere ligne des Cases marque la largeur, & la premiere Colonne des Cases marque la hauteur.

EXEMPLE.

Pour trouver le prix d'une bande de Glace de 12 pouces de hauteur, sur 1 pouce de large, voyez 12 à la Case de la premiere Colonne, & sous la ligne 1, vous trouverez le prix de 5 ß 9 ₰, sur 1 pouce $\frac{1}{2}$, vous trouverez sous cette ligne le prix qui eſt 6 ß 8 ₰, ſur 2 pouces, vous trouverez ſous cette ligne le prix qui eſt 11 ß 5 ₰.

Sur 3 pouces, vous trouverez ſous cette ligne le prix, qui eſt 17 ß 2 ₰. Ainſi des autres.

JE ſouſſigné, Titulaire du Privilége de la Manufacture des Glaces, certifie avoir cédé à M. PRAULT, Imprimeur du Roi, le Privilége d'impreſſion du Tarif deſd. Glaces, pour en faire & diſpoſer comme de choſe à lui appartenante, & ſuivant les conditions faites entre nous. A Paris le ſix Août mil ſept cent ſoixante-treize.

GIVERNE.

Regiſtré la préſente Ceſſion ſur le Regiſtre XIX. de la Chambre Royale & Syndicale des Lib. & Impr. de Paris, n°. 175, conformément aux anciens Réglemens, confirmés par celui du 28 Février 1723. A Paris ce 4 Septembre 1773.

C. A JOMBERT pere, *Syndic.*

N°.	8	....	.. 8ß	
N°.	10	....	..10	
N°.	12	....	..16	
N°.	17	.... 1[tt]	.. 2	.. 8ð
N°.	20	 1	.. 6	.. 8
N°.	30	 2	.. 8	
N°.	40	 3	.. 4	
N°.	50	 4		
14	12	 5	..14	
15	12	 6	..13	
16	13	 7	..12	
17	14	 9	..10	
18	15	11	.. 8	
19	16	13	.. 6	
20	16	14	.. 5	
21	17	16	.. 3	
22	18	18	.. 1	
23	18	19	..19	
24	19	21	..17	
25	20	25	..13	
26	21	31	.. 7	
27	21	34	.. 4	

28	22	... 38[tt]	.. 19[ß]	
29	23	... 43	.. 14	
30	24	... 49	.. 8	
31	24	... 54	.. 3	
32	25	... 64	.. 12	
33	25	... 76		
34	26	... 85	.. 10	
35	26	.. 95		
36	26	...104	.. 10	
37	27	...114		
38	28	...123	.. 10	
39	29	...133		
40	30	...142	.. 10	
41	31	...157		
42	32	...166	.. 10	
43	33	...176	.. 10	
44	33	...186		
45	33	...196		
46	34	...210	.. 10	
47	34	...217	.. 10	
48	34	...225	.. 10	
49	35	...241		

50	35	...250 tt		
51	36	...262	.. 10 ß	
52	36	...269	.. 10	
53	37	...287		
54	37	...299		
55	38	...318	.. 10	
56	38	...333		
57	39	...353		
58	39	...362	.. 10	
59	40	...382		
60	40	...392		
61	41	...421	.. 10	
62	41	...431		
63	42	...460	.. 10	
64	42	...470	.. 10	
65	43	...500		
66	43	...509	.. 10	
67	44	...549		
68	44	...568	.. 10	
69	45	...588		
70	45	...607	.. 10	
71	46	...660		

72	46	...680#		
73	47	...720		
74	47	...735		
75	48	...765		
76	48	...780		
77	49	...840		
78	49	...880		
79	50	...960		
80	50	..1000		
81	51	..1115		
82	51	..1200		
83	52	..1315		
84	52	..1400		
85	53	..1515		
86	53	..1600		
87	54	..1715		
88	54	..1800		
89	55	..1915		
90	55	..2000		
91	56	..2120		
92	56	..2200		
93	57	..2320		

94	57	..2400[tt]		
95	58	..2520		
96	58	..2600		
97	59	..2720		
98	59	..2800		
99	60	..2920		
100	60	..3000		

	14		15		16		17	
10	5^{tt}	^{ß}	5^{tt}	$5^{ß}$	5^{tt}	$9^{ß}$	5^{tt}	$14^{ß}$
11	5	5	5	14	6	3	6	13
12	5	14	6	13	7	3	7	12
13	6	13	7	3	7	12	8	11
14	7	12	8	1	8	11	9	10
15			8	11	9	10	10	9
16					10	9	11	8
17							12	7

	18		19		20		21	
10	6 tt	13 ß	7 tt	12 ß	8 tt	11 ß	9 tt	10 ß
11	7	12	8	11	9	10	10	9
12	8	11	9	10	10	9	11	8
13	9	10	10	9	11	8	12	7
14	10	9	11	8	12	7	13	6
15	11	8	12	7	13	6	14	5
16	12	7	13	6	14	5	15	4
17	13	6	14	5	15	4	16	3
18	14	5	15	4	16	3	17	2
19			16	3	17	2	18	1
20					18	1	19	
21							19	19

	22		23		24		25	
10	10tt	9ß	11tt	8ß	12tt	7ß	13tt	6ß
11	11	8	12	7	13	6	14	5
12	12	7	13	6	14	5	15	4
13	13	6	14	5	15	4	16	3
14	14	5	15	4	16	3	17	2
15	15	4	16	3	17	2	18	1
16	16	3	17	2	18	1	19	
17	17	2	18	1	19		19	19
18	18	1	19	19	20	18	21	17
19	19		20	18	21	17	23	15
20	19	19	21	17	23	15	25	13
21	21	17	23	15	25	13	27	11
22	23	15	25	13	27	11	29	9
23			27	11	29	9	31	7
24					31	7	33	5
25							35	3

	26		27		28		29	
10	14 lt	5 s	15 lt	4 s	16 lt	3 s	17 lt	2 s
11	15	4	16	3	17	2	18	1
12	16	3	17	2	18	1	19	
13	17	2	18	1	19		19	19
14	18	1	19		19	19	21	17
15	19		19	19	21	17	23	15
16	19	19	21	17	23	15	25	13
17	21	17	23	15	25	13	27	11
18	23	15	25	13	27	11	29	9
19	25	13	27	11	30	8	32	6
20	28	10	30	8	33	5	35	3
21	31	7	34	4	36	2	38	
22	34	4	36	2	38	19	40	17
23	36	2	38		40	17	43	14
24	38		40	17	43	14	46	11
25	40	17	43	14	46	11	49	8
26	43	14	46	11	49	8	52	5
27			49	8	52	5	55	2
28					55	2	57	19
29							60	16

	30		31		32		33	
10	18tt	1ß	19tt	ß	19tt	19ß	20tt	18ß
11	19		19	19	20	18	22	16
12	19	19	21	17	23	15	25	13
13	21	17	23	15	25	13	27	11
14	23	15	25	13	27	11	30	8
15	25	13	27	11	30	8	33	5
16	27	11	30	8	33	5	36	2
17	29	9	33	5	36	2	38	19
18	32	6	36	2	38	19	41	16
19	35	3	38	19	41	16	44	13
20	38		41	16	44	13	47	10
21	40	17	44	13	47	10	50	7
22	43	14	47	10	50	7	54	3
23	46	11	50	7	54	3	60	16

	30		31		32		33	
24	49[tt]	8ß	54[tt]	3ß	58[tt]	18ß	68	8ß
25	52	5	58	18	64	12	76	
26	55	2	61	15	69	7	78	17
27	57	19	64	12	72	4	81	14
28	60	16	67	9	75	1	84	11
29	63	13	70	6	77	18	87	8
30	66	10	73	3	80	15	90	5
31			76		83	12	93	2
32					87	8	96	18
33							99	15

	34	35	36	37
10	21# 17ß	22# 16ß	24# 14ß	26# 12ß
11	24 14	26 12	27 11	29 9
12	27 11	28 10	30 8	32 6
13	29 9	31 7	33 5	35 3
14	32 6	34 4	36 2	38 19
15	35 3	38	39 18	42 15
16	38 19	41 16	44 13	47 10
17	41 16	45 12	49 8	52 5
18	44 13	48 9	52 5	57
19	47 10	51 6	55 2	60 16
20	50 7	55 2	59 17	65 11
21	54 3	59 17	64 12	69 7
22	58 18	66 10	72 4	76 19
23	66 10	72 4	79 16	83 12

	34	35	36	37
24	74ᵗᵗ 2ß	78ᵗᵗ 17ß	87ᵗᵗ 8ß	91ᵗᵗ 4ß
25	80 15	85 10	95	98 16
26	85 10	95	104 10	107 7
27	89 6	98 16	108 6	114
28	93 2	102 12	112 2	117 16
29	96 18	106 8	115 18	121 12
30	100 14	110 4	119 14	125 8
31	104 10	114	123 10	129 4
32	108 6	117 16	127 6	133
33	112 2	121 12	131 2	136 16
34	115 18	125 18	134 18	140 12
35		128 5	138 14	149
36			142 10	154
37				161 10

	38		39		40		41	
10	28 lt	10 ls	30 lt	8 ls	32 lt	6 ls	34 lt	4 ls
11	31	7	33	5	35	3	37	1
12	34	4	36	2	38		40	17
13	37	1	38	19	41	16	43	14
14	40	17	42	15	45	12	47	10
15	44	13	46	11	49	8	51	6
16	49	8	51	6	54	3	56	1
17	54	3	56	1	58	18	60	16
18	58	18	60	16	63	13	66	10
19	63	13	66	10	69	7	72	4
20	68	8	71	5	74	2	77	18
21	72	4	76		79	16	83	12
22	79	16	83	12	86	9	90	5
23	87	8	91	4	94	1	96	18
24	95		97	17	100	14	104	10
25	102	12	105	9	108	6	112	2

	38		39		40		41	
26	110tt	4ß	113tt	1ß	115tt	18ß	119tt	14ß
27	117	16	121	12	124	9	127	6
28	123	10	127	6	131	2	134	18
29	127	6	133		137	15	142	10
30	131	2	136	16	142	10	152	
31	134	18	140	12	151		157	
32	138	14	149		155		161	10
33	142	10	153		159	10	166	10
34	151		157		163	10	171	10
35	155		160	10	168	10	176	10
36	160	10	168	10	176	10	181	10
37	168	10	176	10	182	10	189	
38	176	10	182	10	189		196	
39			191		196		204	
40					206		211	10
41							220	10

	42		43		44		45	
10	36 lb	2 ß	38 lb	ß	39 lb	18 ß	41 lb	16 ß
11	38	19	41	16	43	14	45	12
12	42	15	45	12	47	10	50	7
13	46	11	49	8	52	5	54	3
14	50	7	53	4	56	1	58	18
15	54	3	57		59	17	62	14
16	58	18	61	15	64	12	68	8
17	63	13	66	10	69	7	73	3
18	69	7	72	4	75	1	77	18
19	75	1	77	18	81	14	84	11
20	80	15	83	12	87	8	90	5
21	86	9	90	5	94	1	97	17
22	94	1	97	17	101	13	105	9
23	100	14	105	9	109	5	114	
24	108	6	113	1	117	16	122	11
25	115	18	121	12	126	7	131	2
26	123	10	129	4	133	19	138	14
27	131	2	136	16	141	11	151	

	42		43		44		45	
28	138 lt	14 ß	149 lt	ß	154 lt	ß	159 lt	ß
29	150		157		161	10	166	10
30	157		161	10	167	10	173	10
31	161	10	166	10	171	10	180	10
32	166	10	171	10	178	10	186	
33	171	10	176	10	186		196	
34	178	10	186		194		202	
35	186		193		201		208	10
36	193		200		208		215	10
37	200		207		214	10	222	10
38	207		213	10	221	10	229	10
39	213	10	220	10	229	10	237	
40	220	10	227	10	237		245	
41	227	10	235		245		253	
42	235		242		252		258	10
43			250		257	10	266	10
44					264	10	274	10
45							284	

	46		47		48		49	
10	43tt	14ß	45tt	12ß	47tt	10ß	49tt	8ß
11	48	9	50	7	52	5	55	2
12	52	5	55	2	57		59	17
13	57		59	17	62	14	64	12
14	61	15	64	12	67	9	70	6
15	65	11	69	7	72	4	75	1
16	71	5	75	1	77	18	81	14
17	76	19	79	16	83	12	86	9
18	81	14	85	10	89	6	92	3
19	88	7	91	4	95		97	17
20	94	1	96	18	100	14	103	11
21	101	13	105	9	109	5	113	1
22	110	4	114		117	16	121	12
23	117	16	122	11	126	7	131	2
24	126	7	131	2	135	17	140	12
25	135	17	140	12	149	19	155	
26	148		153		158		163	10
27	156		160	10	165	10	171	10
28	163	10	168	10	173	10	180	10
29	171	10	176	10	181	10	190	

	46	47	48	49
30	179 lt 10 ß	184 lt ß	190 lt ß	198 lt ß
31	187	192	198	206
32	196	201	208	215 10
33	204	210 10	217 10	225 10
34	210 10	217 10	225 10	235
35	217 10	224 10	232 10	241
36	223 10	231 10	239	247
37	230 10	239	246	254
38	237	246	253	260 10
39	245	253	259 10	268 10
40	253	259 10	266 10	275 10
41	260 10	267 10	275 10	284
42	268 10	276 10	284	294
43	276 10	284	294	304
44	284	294	304	313 10
45	294	304	313 10	323 10
46	304	313 10	323 10	333
47		323 10	333	343
48			343	353
49				362 10

	50	51	52	53
10	51 tt 6 ß	53 tt 4 ß	55 tt 2 ß	57 tt ß
11	57	58 18	60 16	62 14
12	61 15	64 12	66 10	68 8
13	67 9	70 6	72 4	74 2
14	73 3	76	77 18	79 16
15	78 17	81 14	83 12	86 9
16	84 11	87 8	89 6	92 3
17	90 5	93 2	95	97 17
18	95 19	98 16	100 14	103 11
19	101 13	104 10	107 7	110 4
20	107 7	110 4	113 1	116 17
21	116 17	119 14	122 11	126 7
22	126 7	129 4	132 1	135 17
23	135 17	138 14	141 11	149 19
24	149 19	153	156	159 10

	50	51	52	53
25	159 ₶ 10 ß	162 ₶ 10 ß	165 ₶ 10 ß	169 ₶ 10 ß
26	167 10	171 10	175 10	179 10
27	176 10	180 10	185	190
28	186	191	196	201
29	196	201	206	212 10
30	206	210 10	215 10	225 10
31	215 10	220 10	225 10	235
32	225 10	230 10	235	245
33	235	240	245	255
34	245	250	255	264 10
35	250	255	264 10	274 10
36	255	262 10	269 10	279 10
37	261 10	269 10	278 10	287
38	269 10	278 10	287	296
39	277 10	286	295	304

	50	51	52	53
40	284ᵗᵗ ß	294ᵗᵗ ß	304ᵗᵗ ß	313ᵗᵗ 10ß
41	294	304	313 10	323 10
42	304	313 10	323 10	333
43	313 10	323 10	333	343
44	323 10	333	343	353
45	333	343	353	362 10
46	343	353	362 10	372 10
47	353	362 10	372 10	382
48	362 10	372 10	382	397
49	372 10	382	397	416 10
50	382	397	416 10	431
51		416 10	431	446
52			446	460 10
53				475 10

	54	55	56	57
10	58# 18 1	60# 16 13	62# 14 15	64# 12 15
11	64 12	66 10	68 8	71 5
12	70 6	72 4	75 1	77 18
13	76	78 17	81 14	83 12
14	82 13	84 11	87 8	90 5
15	88 7	91 4	94 1	96 18
16	94 1	96 18	100 14	104 10
17	100 14	102 12	107 7	111 3
18	106 8	109 5	114	118 15
19	113 1	115 18	120 13	126 7
20	119 14	123 10	129 4	134 18
21	129 4	133	138 14	148 19
22	138 14	142 10	153	159
23	153	157	162 10	168 10
24	162 10	166 10	172 10	178 10
25	172 10	176 10	182 10	188

	54	55	56	57
26	183tt 10ß	188tt ß	194tt ß	201tt ß
27	195	200	206	213 10
28	206	211 10	218 10	227 10
29	218 10	223 10	231 10	241
30	230 10	235	245	255
31	240	245	255	264 10
32	250	255	164 10	274 10
33	259 10	264 10	274 10	284
34	269 10	274 10	284	294
35	279 10	284	294	304
36	289	294	313 10	323 10
37	299	308 10	323 10	333
38	308 10	318 10	333	343
39	318 10	328 10	343	353
40	328 10	338	353	362 10
41	338	348	362 10	372 10

	54	55	56	57
42	348# ß	357# 10ß	372# 10ß	382# ß
43	357 10	367 10	382	392
44	367 10	377 10	392	402
45	377 10	387	402	416 10
46	387	397	416 10	431
47	397	416 10	431	446
48	416 10	431	446	460 10
49	431	446	460 10	475 10
50	446	460 10	475 10	490
51	460 10	475 10	490	504 10
52	475 10	490	504 10	519 10
53	490	504 10	519 10	534
54	504 10	519 10	534	549
55		534	549	568 10
56			568 10	588
57				607 10

	58	59	60	61
10	66ᵗᵗ 10ß	68ᵗᵗ 8ß	71ᵗᵗ 5ß	73ᵗᵗ 3ß
11	73 3	76	77 18	80 15
12	79 16	82 13	85 10	88 7
13	86 9	89 6	92 3	95
14	93 2	95 19	95 19	102 12
15	99 15	102 12	106 8	110 4
16	108 6	112 2	115 18	119 14
17	115 18	120 13	124 9	128 5
18	123 10	128 5	133 19	137 15
19	131 2	136 16	142 10	152
20	140 12	151	157	161 10
21	155	160 10	166 10	171 10
22	164 10	170 10	176 10	181 10
23	174 10	180 10	186	191
24	184	190	196	201
25	196	201	206	211 10
26	209 10	214 10	219 10	225 10

	58	59	60	61
27	223 ₶ 10 ß	228 ₶ 10 ß	233 ₶ ß	240 ₶ ß
28	237	242	247	254
29	251	256	260 10	267 10
30	264 10	269 10	274 10	279 10
31	274 10	279 10	284	289
32	284	289	294	304
33	294	299	308 10	318 10
34	304	313 10	323 10	333
35	318 10	328 10	338	348
36	333	343	353	362 10
37	343	353	362 10	377 10
38	353	362 10	372 10	387
39	362 10	372 10	382	397
40	372 10	382	392	411 10
41	382	397	406 10	421 10
42	392	406 10	421 10	436
43	402	416 10	431	446

	58	59	60	61
44	416ᵗᵗ 10ß	431ᵗᵗ ß	446ᵗᵗ ß	460ᵗᵗ 10ß
45	431	446	460 10	475 10
46	446	460 10	475 10	490
47	460 10	475 10	490	504 10
48	475 10	490	504 10	519 10
49	490	504 10	519 10	534
50	504 10	519 10	534	549
51	519 10	534	549	568 10
52	534	549	568 10	588
53	549	568 10	588	607 10
54	568 10	588	607 10	640
55	588	607 10	640	660
56	607 10	640	660	680
57	640	660	680	700
58	660	680	700	720
59		700	720	740
60			740	760

	62	63	64	65
10	76$^{\#}$ ^{ß}	77$^{\#}$ 18^{ß}	80$^{\#}$ 15^{ß}	82$^{\#}$ 13^{ß}
11	83 12	85 10	88 7	91 4
12	91 4	94 1	96 18	99 15
13	98 16	101 13	104 10	107 7
14	106 8	109 5	113 1	115 18
15	114	116 17	120 13	124 9
16	123 10	127 6	131 2	134 18
17	133	136 16	140 12	148 19
18	142 10	151	156	159 10
19	157	160 10	165 10	170 10
20	166 10	171 10	176 10	181 10
21	176 10	181 10	186	192
22	186	192	197	203
23	197	202	208	213 10
24	207	212 10	218 10	224 10
25	217 10	223 10	229 10	235
26	232 10	238	245	252

	62	63	64	65
27	247 tt ß	254 tt ß	260 tt 10 ß	268 tt 10 ß
28	261 10	268 10	274 10	284
29	274 10	279 10	289	299
30	284	294	304	313 10
31	299	308 10	318 10	328 10
32	313 10	323 10	333	343
33	328 10	338	348	357 10
34	343	353	362 10	372 10
35	357 10	367 10	377 10	387
36	372 10	382	392	402
37	387	397	406 10	416 10
38	402	411 10	421 10	431
39	411 10	421 10	431	446
40	421 10	436	446	460 10
41	431	451	460 10	475 10
42	446	460 10	470 10	490
43	460 10	470 10	485	500

	62	63	64	65
44	475# 10ß	490# ß	504# 10ß	519# 10ß
45	490	504 10	519 10	534
46	504 10	519 10	534	549
47	519 10	534	549	568 10
48	534	549	568 10	588
49	549	568 10	588	607 10
50	568 10	588	607 10	640
51	588	607 10	640	660
52	607 10	640	660	680
53	640	660	680	700
54	660	680	700	720
55	680	700	720	740
56	700	720	740	760
57	720	740	760	780
58	740	760	780	800
59	760	780	800	820
60	780	800	820	840

	66	67	68	69
10	85# 10ß	87# 10ß	90# ß	92# ß
11	94	96	99	101 10
12	102 10	105 10	108 10	111
13	111	114	117	119 10
14	119 10	122 10	126 10	129
15	128 10	131	135	138 10
16	138 10	142 10	151	155
17	154	158	161 10	165 10
18	164 10	168 10	173 10	177 10
19	175 10	179 10	184	189
20	186	191	196	201
21	197	202	207	211 10
22	208	212 10	218 10	223 10
23	218 10	224 10	229 10	235
24	229 10	235	241	247
25	241	247	253	258 10
26	257 10	264 10	270 10	277 10

	66	67	68	69
27	275 tt 10 ß	282 tt ß	289 tt ß	296 tt ß
28	292 10	300	307 10	315 10
29	308 10	317 10	326 10	334
30	323 10	333	343	353
31	338	348	357 10	367 10
32	353	362 10	372 10	382
33	367 10	377 10	387	397
34	382	392	402	411
35	397	406 10	416 10	426 10
36	411 10	421 10	431	441
37	426 10	436	446	455 10
38	441	451	460 10	470 10
39	455 10	465 10	475 8	490
40	470 10	480	495	509 10
41	485	500	514 10	529
42	500	514 10	529	549
43	509 10	529	549	568 10

	66	67	68	69
44	529 ᵗᵗ ß	549 ᵗᵗ ß	568 ᵗᵗ 10 ß	578 ᵗᵗ ß
45	549	568 10	578	588
46	568 10	583	593	607 10
47	588	602 10	625	640
48	607 10	635	645	660
49	640	655	665	680
50	660	675	685	700
51	680	695	705	720
52	700	715	725	740
53	720	735	745	760
54	740	755	765	780
55	760	775	785	800
56	780	795	805	820
57	800	815	825	840
58	820	835	845	880
59	840	855	880	920
60	860	880	920	960

	70	71	72	73
10	95ᵗᵗ ß	97ᵗᵗ 17ß	100 14ß	103ᵗᵗ 11ß
11	104 10	107 7	110 4	114
12	114	116 17	120 13	124 9
13	123 10	127 6	131 2	134 18
14	133	135 16	141 11	149 19
15	142 10	152	158	161 10
16	159	163 10	168 10	173 10
17	170 10	175 10	180 10	186
18	182 10	187	193	198
19	194	199	205	210 10
20	206	211 10	217 10	223 10
21	217 10	223 10	230 10	236
22	229 10	236	243	250
23	241	248	256	263 10
24	253	260 10	268 10	277 10
25	264 10	273 10	282	291
26	284	293	302	310 10

	70	71	72	73
27	304 ᵗᵗ ß	312 ᵗᵗ 10 ß	321 ᵗᵗ 10 ß	331 ᵗᵗ ß
28	323 10	332	342	351
29	343	352	361 10	371 10
30	362 10	372 10	382	392
31	377 10	388	399	409 10
32	392	404	415 10	427 10
33	406 10	419 10	432	445
34	421 10	435	449	462 10
35	436	451	465 10	480
36	451	465 10	480	495
37	465 10	480	495	509 10
38	480	495	509 10	529
39	500	514 10	529	549
40	519 10	534	549	5[illegible]8 10
41	539	553 10	568 10	588
42	558 10	573 10	588	607 10
43	578	5[illegible]3	607 10	640

	70	71	72	73
44	588 ß	607 tt 10ß	640 tt	660 tt
45	607 10	640	660	680
46	640	660	680	700
47	660	680	700	720
48	680	700	720	740
49	700	720	740	760
50	720	740	760	780
51	740	760	780	800
52	760	780	800	820
53	780	800	820	840
54	800	820	840	880
55	820	840	880	920
56	840	880	920	960
57	880	920	960	1000
58	920	960	1000	1030
59	960	1000	1030	1060
60	1000	1030	1060	1090

	74	75	76	77
10	106₶ 8s	109₶ 5s	112₶ 2s	114₶ 19s
11	116 17	120 13	123 10	126 7
12	128 5	132 1	134 18	138 14
13	138 14	148	152	156
14	155	159 10	163 10	168 10
15	166 10	171 10	176 10	181 10
16	178 10	134	189	194
17	191	197	202	207
18	204	209 10	214 10	220 10
19	216 10	222 10	227 10	233
20	229 10	235	241	247
21	243	250	256	262 10
22	257	264 10	271 10	278 10
23	271 10	279 10	285	294
24	285	294	302	309 10
25	300	308 10	317 10	326 10
26	319 10	329 10	338	347

	74	75	76	77
27	340# ß	350# ß	358# 10 ß	367# 10 ß
28	360 10	370 10	379 10	389
29	381	391	400	409 10
30	402	411 10	421 10	431
31	420 10	431	442	453
32	439	452	463 10	475 10
33	458 10	471 10	484	498
34	476 10	491	504 10	519 10
35	495	509 10	524 10	539
36	509 10	529	544	558 10
37	529	549	563 10	578
38	549	568 10	583	598
39	568 10	588	602 10	630
40	588	607 10	635	650
41	607 10	640	655	670
42	640	660	675	690
43	660	680	695	710

	74	75	76	77
44	680 tt	700 tt	710 tt	725 tt
45	700	710	720	740
46	715	725	740	760
47	735	745	760	780
48	755	765	780	800
49	775	785	800	840
50	795	805	840	880
51	820	840	880	920
52	840	880	920	960
53	880	920	960	1000
54	920	960	1000	1030
55	960	1000	1030	1060
56	1000	1030	1060	1090
57	1030	1060	1090	1120
58	1060	1[illegible]90	1120	1150
59	1090	1120	1150	1170
60	1120	1150	1170	1190

	78	79	80	81
10'	117 lt 16 ß	120 lt 13 ß	126 lt 7 ß	137 lt 15 ß
11	130 3	133	139 13	156
12	142 10	151	159	171 10
13	159 10	163 10	172 10	188
14	172 10	177 10	186	205
15	186	191	201	220 10
16	199	204	215 10	237
17	212 10	217 10	230 10	254
18	225 10	231 10	245	270 10
19	239	245	259 10	287
20	253	258 10	274 10	304
21	268 10	275 10	289	323 10
22	285	292	306	344
23	302	309 10	323 10	364 10
24	318 10	326 10	343	385
25	335	344	362 10	405 10
26	355 10	364 10	382	431

	78	79	80	81
27	377# 10ß	386# ß	402# ß	456# 10ß
28	398	407 10	421 10	482
29	419 10	429	441	507 10
30	441	451	465 10	533
31	463 10	474 10	490	560 10
32	487	499	514 10	588
33	510 10	523 10	539	629
34	534	548	563 10	657
35	553 10	568 10	588	685
36	573 10	588	607 10	707
37	593	607 10	640	729
38	625	640	660	750
39	645	660	680	772
40	665	680	700	794
41	685	700	720	815
42	705	720	740	837
43	725	740	760	859

	78	79	80	81
44	740 tt	760 tt	780 tt	881 tt
45	760	780	800	902
46	780	800	840	939
47	800	840	880	976
48	840	880	920	1013
49	880	920	960	1049
50	920	960	1000	1086
51	960	1000	1030	1115
52	1000	1030	1060	1145
53	1030	1060	1090	1174
54	1060	1090	1120	1203
55	1090	1120	1150	1232
56	1120	1150	1170	1254
57	1150	1170	1190	1276
58	1170	1190	1210	1297
59	1190	1210	1230	1319
60	1210	1230	1250	1341

	82	83	84	85
10	153 lt ß	164 lt 10 ß	175 lt 10 ß	186 lt ß
11	170 10	185	200	211 10
12	189	207	223 10	237
13	208	227 10	248	262 10
14	227 10	250	272 10	289
15	246	271 10	296	314 10
16	265 10	293	321 10	341
17	284	315 10	346	367 10
18	304	338	371 10	394
19	323 10	359 10	397	420 10
20	343	382	421 10	447
21	365 10	407 10	450	477 10
22	389	434	479	507 10
23	412 10	459 10	507 10	538
24	435	486	536	568 10
25	458 10	511 10	5[illegible]4 10	599
26	488	545	608 10	652

	82	83	84	85
27	517 tt 10 ß	578 tt	653 tt	692 tt
28	547	624	691	733
29	576	658	729	773
30	6 5 10	692	767	813
31	649	725	802	850
32	679	758	837	888
33	710	791	872	925
34	740	823	907	962
35	771	856	942	999
36	794	881	969	1028
37	818	907	996	1056
38	841	932	1023	1085
39	864	957	1049	1113
40	888	982	1076	1142
41	911	1007	1103	1170
42	935	1033	1130	1199
43	958	1058	1157	1227

	82	83	84	85
44	982^{tt}	1083^{tt}	1184^{tt}	1256^{tt}
45	1005	1108	1211	1285
46	1039	1138	1238	1313
47	1072	1169	1265	1342
48	1106	1199	1292	1370
49	1139	1229	1319	1399
50	1173	1259	1346	1428
51	1200	1287	1373	1457
52	1230	1315	1400	1486
53	1258	1342	1426	1515
54	1286	1370	1453	1543
55	1315	1398	1480	1571
56	1338	1423	1507	1599
57	1362	1448	1534	1627
58	1385	1473	1561	1656
59	1409	1498	1588	1684
60	1432	1523	1615	1713

	86	87	88	89
10	197 ₶ ß	207 ₶ ß	217 ₶ 10 ß	227 ₶ 10 ß
11	223 10	235	247	258 10
12	251	263 10	277 10	290
13	278 10	293	306 10	321 10
14	305	321 10	337	353
15	332	350	367 10	38
16	360 10	379 10	398	416 10
17	388	408 10	429	449
18	416 10	338	459 10	481
19	445	467 10	491	513 10
20	473 10	498	522 10	546
21	504 10	531	557 10	583
22	537	565 10	593	633
23	569 10	599	641	671
24	601 10	646	678	708
25	646	680	714	746
26	689	725	761	796

	86	87	88	89
27	732 tt	770 tt	808 tt	845 tt
28	775	815	855	894
29	817	860	902	943
30	860	905	950	993
31	899	946	993	1038
32	938	987	1036	1083
33	978	1028	1079	1129
34	1017	1069	1123	1174
35	1056	1111	1166	1219
36	1086	1143	1200	1254
37	1116	1175	1233	1289
38	1147	1206	1266	1324
39	1177	1238	1300	1359
40	1207	1270	1333	1393
41	1237	1302	1366	1428
42	1267	1333	1400	1463
43	1298	1365	1433	1498

	86	87	88	89
44	1328^{tt}	1397^{tt}	1466^{tt}	1533^{tt}
45	1358	1429	1500	1568
46	1388	1461	1533	1603
47	1418	1492	1566	1637
48	1449	1524	1600	1672
49	1479	1556	1633	1707
50	1509	1588	1666	1742
51	1539	1619	1700	1777
52	1569	1651	1733	1812
53	1600	1683	1766	1846
54	1630	1715	1800	1881
55	1660	1746	1833	1915
56	1690	1778	1866	1951
57	1720	1810	1900	1986
58	1750	1842	1933	2021
59	1781	1873	1966	2056
60	1811	1905	2000	2090

	90	91	92	93
10	237 ₶ ß	247 ₶ ß	256 ₶ ß	265 ₶ 10 ß
11	269 10	280 10	291	301 10
12	303	314 10	326 10	338
13	335	349	361 10	375 10
14	367 10	382	397	411 10
15	401	416 10	432	448
16	434	452	469 10	486
17	468 10	487	505 10	524 10
18	502	522 10	542	561 10
19	536	557 10	579	600
20	569 10	593	628	651
21	621	646	671	695
22	660	687	713	739
23	700	728	756	783
24	739	769	799	827
25	779	810	841	872
26	830	864	897	929

	90	91	92	93
27	882 tt	917 tt	952 tt	987 tt
28	933	971	1008	1044
29	984	1024	1064	1102
30	1036	1078	1119	1159
31	1083	1127	1170	1212
32	1130	1176	1221	1265
33	1178	1225	1272	1318
34	1225	1274	1323	1371
35	1272	1323	1375	1424
36	1309	1361	1414	1465
37	1345	1399	1453	1505
38	1381	1437	1492	1546
39	1418	1475	1532	1587
40	1454	1513	1571	1627
41	1490	1550	1610	1668
42	1527	1588	1650	1709
43	1563	1626	1689	1749

	90	91	92	93
44	1600tt	1664tt	1728tt	1790tt
45	1636	1702	1767	1831
46	1672	1739	1807	1872
47	1709	1777	1846	1912
48	1745	1815	1885	1953
49	1781	1853	1925	1994
50	1818	1891	1964	2034
51	1854	1929	2003	2075
52	1890	1956	2042	2116
53	1927	2004	2082	2156
54	1963	2042	2121	2197
55	2000	2081	2160	2238
56	2036	2120	2200	2279
57	2072	2156	2239	2320
58	2109	2193	2278	2361
59	2145	2231	2317	2401
60	2181	2269	2357	2441

	94	95	96	97
10	274ᵗᵗ 10ᶠ	283ᵗᵗ ß	292ᵗᵗ ß	301ᵗᵗ ß
11	312 10	322 10	332	342
12	350	361 10	373 10	384
13	388	401	413 10	425 10
14	426 10	440	453 10	466 10
15	463 10	479	494	508 10
16	502 10	519 10	535	551
17	542	559 10	577	594
18	581	600	632	650
19	633	654	674	694
20	673	695	717	738
21	719	742	765	788
22	765	789	814	838
23	810	837	863	888
24	856	884	911	938
25	902	931	960	988
26	961	992	1024	1054

	94	95	96	97
27	1021 tt	1054 tt	1087 tt	1119 tt
28	1080	1115	1150	1184
29	1140	1177	1214	1249
30	1200	1238	1277	1315
31	1254	1295	1335	1375
32	1309	1351	1394	1435
33	1364	1408	1452	1495
34	1418	1464	1510	1555
35	1473	1521	1568	1615
36	1515	1564	1613	1661
37	1557	1608	1658	1707
38	1600	1651	1703	1753
39	1642	1695	1748	1799
40	1684	1738	1793	1845
41	1726	1782	1837	1891
42	1768	1825	1882	1938
43	1810	1869	1927	1984

	94	95	96	97
44	1852 tt	1912 tt	1972 tt	2030 tt
45	1894	1956	2017	2076
46	1936	1999	2062	2122
47	1978	2042	2106	2168
48	2021	2086	2151	2214
49	2063	2129	2196	2261
50	2105	2173	2241	2307
51	2147	2216	2286	2353
52	2189	2260	2331	2399
53	2231	2303	2375	2445
54	2273	2347	2420	2491
55	2315	2390	2465	2537
56	2357	2434	2510	2584
57	2400	2477	2555	2630
58	2442	2520	2600	2675
59	2484	2564	2644	2720
60	2526	2608	2689	2768

	98	99	100	
10	309 lt 10 ß	317 lt 10 ß	326 lt 10 ß	
11	352	361 10	371 10	
12	395	405 10	415 10	
13	437	449	460 10	
14	480	493	505 10	
15	522 10	537	551	
16	566 10	582	598	
17	623	640	657	
18	669	687	705	
19	714	733	752	
20	759	779	800	
21	810	832	854	
22	862	885	908	
23	913	938	962	
24	965	991	1017	
25	1016	1044	1071	
26	1084	1113	1142	

	98	99	100	
27	1151 tt	1181 tt	1212 tt	
28	1218	1250	1283	
29	1285	1319	1354	
30	1352	1388	1425	
31	1414	1452	1490	
32	1475	1515	1555	
33	1537	1578	1620	
34	1599	1642	1685	
35	1661	1705	1750	
36	1708	1754	1800	
37	1755	1802	1850	
38	1803	1851	1900	
39	1850	1900	1950	
40	1898	1949	2000	
41	1945	1997	2050	
42	1993	2046	2100	
43	2040	2095	2150	

	98	99	100	
44	2088tt	2144tt	2200tt	
45	2135	2192	2250	
46	2183	2241	2300	
47	2230	2290	2350	
48	2278	2338	2400	
49	2325	2387	2450	
50	2372	2436	2500	
51	2420	2484	2550	
52	2467	2532	2600	
53	2515	2581	2650	
54	2562	2630	2700	
55	2610	2679	2750	
56	2657	2727	2800	
57	2705	2776	2850	
58	2752	2825	2900	
59	2800	2873	2950	
60	2847	2920	3000	

	1			1 ½			2			3		
	#	ß	₰	#	ß	₰	#	ß	₰	#	ß	₰
12		5	9		6	8		11	5		17	2
13		6	8		7	8		13	4	1		
14		7	8		9	6		15	3	1	2	8
15		8	7		10	6		17	2	1	5	8
16		9	6		11	5		19		1	8	6
17		10	6		12	5	1		10	1	11	5
18		11	5		14	3	1	2	10	1	14	3
19		12	5		16	2	1	4	9	1	17	1
20		14	3		18	1	1	8	6	2	2	9
21		16	2	1			1	12	4	2	8	6
22		18	1	1	1	11	1	16	2	2	14	2
23	1			1	3	9	1	19	11	2	19	11
24	1	2		1	6		2	4		3	6	
25	1	4		1	8		2	7		3	11	
26	1	6		1	10		2	11		3	17	
27	1	8		1	13		2	15		4	3	

	1		1 ½		2		3	
28	1 lt	10 s	1 lt	16 s	2 lt	19 s	4 lt	8 s
29	1	11	1	19	3	3	4	14
30	1	13	2	2	3	7	5	
31	1	15	2	5	3	10	5	6
32	1	18	2	7	3	16	5	14
33	2	1	2	11	4	2	6	3
34	2	4	2	15	4	7	6	11
35	2	7	2	19	4	13	7	
36	2	9	3	3	4	19	7	8
37	2	13	3	7	5	6	8	
38	2	17	3	11	5	14	8	11
39	3	1	3	16	6	2	9	2
40	3	5	4	1	6	9	9	14
41	3	8	4	5	6	17	10	5
42	3	12	4	10	7	4	10	17
43	3	16	4	15	7	12	11	8
44	4		5		8		12	
45	4	4	5	5	8	7	12	11

	1		1 ½		2		3	
46	4tt	7ß	5tt	9ß	8tt	15ß	13tt	2ß
47	4	11	5	14	9	2	13	14
48	4	15	5	19	9	10	14	5
49	4	19	6	3	9	18	14	16
50	5	3	6	8	10	5	15	8
51	5	6	6	13	10	13	15	19
52	5	10	6	16	11		16	11
53	5	14	7	2	11	8	17	2
54	5	18	7	7	11	16	17	13
55	6	2	7	12	12	3	18	5
56	6	5	7	17	12	11	18	16
57	6	9	8	2	12	18	19	8
58	6	13	8	6	13	6	19	19
59	6	18	8	13	13	15	20	13
60	7	3	8	19	14	5	21	7
61	7	7	9	4	14	15	22	2
62	7	12	9	10	15	4	22	16
63	7	17	9	16	15	13	23	10

	1		1 $\frac{1}{2}$		2		3	
64	8tt	2ß	10tt	1ß	16tt	3ß	24tt	4ß
65	8	6	10	7	16	13	24	19
66	8	11	10	13	17	2	25	13
67	8	16	10	18	17	12	26	7
68	9		11	4	18	1	27	2
69	9	5	11	12	18	10	27	16
70	9	10	11	18	19		28	10
71	9	16	12	4	19	11	29	7
72	10	1	12	12	20	3	30	4
73	10	7	12	18	20	14	31	1
74	10	13	13	6	21	6	31	18
75	10	18	13	13	21	17	32	16
76	11	4	14		22	8	33	13
77	11	10	14	7	23		34	10
78	11	16	14	14	23	11	35	7
79	12	1	15	2	24	3	36	4
80	12	7	15	9	24	14	37	1
81	13	16	17	4	27	11	41	6
82	14	17	8	12	29	16	44	14

	1		1 ½		2		3	
83	15ᵗᵗ	19	19ᵗᵗ	19ſ	31ᵗᵗ	18ß	47ᵗᵗ	19ß
84	17		21	6	34	1	51	2
85	18	1	22	12	36	3	54	5
86	19	12	23	18	38	5	57	7
87	20	2	25	3	40	5	60	7
88	21	2	26	7	42	4	63	6
89	22	1	27	11	44	3	66	4
90	23		28	16	46	1	69	1
91	23	19	29	19	47	18	71	17
92	24	17	31	1	49	15	74	12
93	25	15	32	4	51	11	77	6
94	26	13	33	6	53	6	80	
95	27	10	34	8	55	1	82	11
96	28	7	35	10	56	15	85	2
97	29	4	36	11	58	9	87	13
98	30		37	11	60	2	90	3
99	30	17	38	11	61	14	92	12
100	31	13	39	11	63	6	95	

	4		5		6		
12	1 ₶	3 ß	1 ₶	9 ß	1 ₶	14 ß	
13	1	7	1	13	2		
14	1	10	1	18	2	6	
15	1	14	2	3	2	11	
16	1	18	2	7	2	17	
17	2	2	2	12	3	3	
18	2	6	2	17	3	8	
19	2	9	3	2	3	14	
20	2	17	3	11	4	6	
21	3	5	4	1	4	17	
22	3	12	4	10	5	8	
23	4		5		6		
24	4	7	5	9	6	11	
25	4	15	5	19	7	3	
26	5	3	6	8	7	14	
27	5	10	6	18	8	5	
28	5	18	7	7	8	17	
29	6	5	7	17	9	8	

	4	5	6	
30	6tt 13ß	8tt 6ß	9tt 19ß	
31	7 1	8 16	10 11	
32	7 12	9 10	11 8	
33	8 3	10 4	12 5	
34	8 15	10 19	13 2	
35	9 6	11 13	13 19	
36	9 18	12 7	14 16	
37	10 13	13 6	15 19	
38	11 8	14 5	17 2	
39	12 3	15 4	18 5	
40	12 18	16 3	19 8	
41	13 14	17 2	20 10	
42	14 9	18 1	21 13	
43	15 4	19	22 16	
44	15 19	19 19	23 19	
45	16 14	20 18	25 2	
46	18	21 17	26 4	
47	18 5	22 16	27 7	

	4		5		6		
48	19 lt	15	23 lt	15 15	28 lt	10 15	
49	19	15	24	14	29	13	
50	20	10	25	13	30	16	
51	21	6	26	12	31	18	
52	22	1	27	11	33	1	
53	22	16	28	10	34	4	
54	23	11	29	9	35	7	
55	24	6	30	8	36	10	
56	25	2	31	7	37	12	
57	25	17	32	6	38	15	
58	26	12	33	5	39	18	
59	27	11	34	9	41	7	
60	28	8	35	12	42	15	
61	29	9	36	16	44	4	
62	30	8	38		45	12	
63	31	7	39	4	47		
64	32	6	40	8	48	9	
65	33	5	41	11	49	17	

	4	5	6	
66	34 lt 4 ß	42 lt 15 ß	51 lt 6 ß	
67	35 3	43 19	52 15	
68	36 2	45 2	54 3	
69	37 1	46 6	55 12	
70	38	47 10	57	
71	39 3	48 18	58 14	
72	40 6	50 7	60 8	
73	41 8	51 16	62 3	
74	42 11	53 4	63 17	
75	43 14	54 12	65 11	
76	44 17	56 1	67 5	
77	46	57 9	68 19	
78	47 2	58 18	70 14	
79	48 5	60 7	72 8	
80	49 8	61 15	74	
81	55 2	68 18	82 14	
82	59 11	74 10	89 8	
83	63 18	79 17	95 17	

	4	5	6	
84	68 lt. 3 ß	85 lt. 4 ß	102 lt. 5 ß	
85	72 7	90 10	108 10	
86	76 10	95 11	114 14	
87	80 9	100 11	120 14	
88	84 8	105 11	126 13	
89	88 5	110 17	132 8	
90	92 2	115 3	138 4	
91	95 16	119 15	148 5	
92	99 10	124 8	154	
93	103 1	128 17	159 10	
94	106 13	133 6	165	
95	110 2	137 12	170 8	
96	113 10	141 19	175 13	
97	116 18	150 14	180 17	
98	120 5	155	186	
99	123 8	159 3	191	
100	126 10	163 6	196	

APPROBATION.

J'AI lû, par ordre de Monseigneur le Vice-Chancelier, le *Nouveau Tarif du prix des Glaces*. Je n'y ai rien trouvé qui en puisse empêcher l'impression. Fait à Paris ce 7 Juillet 1765.

Signé, MONTCARVILLE.

PRIVILEGE DU ROI.

LOUIS, par la grâce de Dieu, Roi de France & de Navarre : A nos amés & féaux Conseillers les Gens tenans nos Cours de Parlement, Maîtres des Requêtes ordinaires de notre Hôtel, Grand Conseil, Prevôt de Paris, Baillifs, Sénéchaux, leurs Lieutenans Civils, & autres nos Justiciers qu'il appartiendra, SALUT. Nos amés LES ASSOCIE'S A LA MANUFACTURE DES GLACES, Nous ont fait exposer qu'ils voudroient faire imprimer & donner au Public un ouvrage qui a pour titre, NOUVEAU TARIF DU PRIX DES GLACES, s'il Nous plaisoit leur accorder nos Lettres de Priviléges pour ce nécessaires. A CES CAUSES voulant favorablement traiter les Exposans, Nous leur avons permis & permettons par ces Présentes, de faire imprimer ledit ouvrage autant de fois que bon leur semblera, & de le faire vendre & débiter par tout notre Royaume, pendant le tems de *neuf* années consécutives, à compter du jour de la datte des Présentes. Faisons défenses à tous Imprimeurs, Libraires & autres personnes, de quelque qualité & condition qu'elles soient, d'en introduire d'impression étrangere dans aucun lieu de notre obéissance ; comme aussi de le faire imprimer, vendre, faire vendre, débiter ni contrefaire ledit ouvrage, ni d'en faire aucun extrait, sous quelque prétexte que ce puisse être, sans la permission expresse & par écrit desdits Exposans, ou de ceux qui auront droit d'eux, à peine de confiscation des Exemplaires contrefaits, de trois mille livres d'amende contre chacun des contrevenans ; dont un tiers à Nous, un tiers à l'Hôtel-Dieu de Paris, l'autre tiers auxdits Exposans, ou à celui qui aura droit d'eux, & de tous dépens, dommages & intérêts : à la charge que ces Présentes seront enregistrées tout au long sur le Registre de la Communauté des Imprimeurs & Libraires de Paris, dans trois mois de la datte d'icelles; que l'impression dudit ouvrage sera faite dans notre Royaume & non ailleurs, en bon papier & beaux caractères, conformément à la feuille imprimée, attachée sous le contre-scel des Présentes ; que l'Impetrant se conformera en tout aux Réglemens de la Librairie, & notamment à celui du 10 Avril 1725 ; qu'avant de l'exposer en vente, l'imprimé qui aura servi de copie à l'impression dudit ouvrage, sera remis dans le même état où l'Approbation y aura été donnée, ès mains de notre très-cher & féal Chevalier Chancelier de France le Sieur DE LA MOIGNON, & qu'il en sera ensuite remis deux Exemplaires dans notre Bibliotheque publique, un dans celle de notre Château du Louvre, un dans celle dudit Sieur DE LA MOIGNON, & un dans celle de notre très-cher & féal Chevalier Vice-Chancelier & Garde des Sceaux de France le Sieur DE MAUPEOU, le tout à peine de nullité des Présentes : Du contenu desquelles vous mandons & enjoignons de faire jouir lesdits Exposans & leurs ayans causes pleinement & paisiblement, sans souffrir qu'il leur soit fait aucun trouble ou empêchement. Voulons que la copie des Présentes, qui sera imprimée tout au long au commencement ou à la fin dudit ouvrage, soit tenue pour dûement signifiée, & qu'aux copies collationnées par l'un de nos amés & féaux Conseillers-Secretaires, foi soit ajoutée comme à l'Original. Commandons au premier notre Huissier ou Sergent sur ce requis, de faire pour l'exécution d'icelles tous Actes requis & necessaires, sans demander autre permission, & nonobstant clameur de Haro, Charte Normande & Lettres à ce contraires : CAR tel est notre plaisir. DONNÉ à Paris le onziéme jour du mois de Septembre, l'an de grace mil sept cent soixante-cinq, & de notre règne le cinquante-uniéme. Par le Roi en son Conseil. Signé, LE BEGUE.

Registré sur le Registre XVI. de la Chambre Royale des Libraires & Imprimeurs de Paris, N. 642. Fol. 365, conformément au Reglement de 1723, qui fait défenses Article IV à toutes personnes, de quelque qualité & condition qu'elles soient, autres que les Libraires & Imprimeurs, de vendre, débiter & faire afficher aucuns Livres pour les vendre en leurs noms, soit qu'ils s'en disent les Auteurs ou autrement ; & à la charge de fournir à la susdite Chambre neuf Exemplaires prescrits par l'Article 108. du même Reglement. A Paris le 17 Septembre 1765. Signé, LE BRETON, Syndic.

www.ingramcontent.com/pod-product-compliance
Ingram Content Group UK Ltd.
Pitfield, Milton Keynes, MK11 3LW, UK
UKHW022132190726
13855UKWH00003B/1115